E
F
G
H
I
N
o
p
Q
W
X
Y
Z

À Yumi, Yuka, Margaux et Séna
S. T.

À Rascal
C. G.

« Des signes et moi »
Cendrine GENIN et Séverine THÉVENET

www.anebate-editions.fr

Imprimé à une journée de route,
soit deux heures d'un cheval au galop suivies de dix d'un vol de pyrale du chou,
sur papier issu de forêts gérées durablement.

Troisième tirage à 1 200 exemplaires.

Avec le soutien du
CNL Centre national du livre

DES SIGNES ET MOI...

Cendrine GENIN
Séverine THÉVENET

âne bâté Éditions

NOTE D'INTENTION

Nous partagions chacune le même désir de travailler avec des enfants sourds ou malentendants.
La chance de vivre cette aventure nous a été offerte grâce à la rencontre avec le SEES Condorcet à Lyon.
Pendant deux années de collaboration, nous avons vécu avec les enfants dans leur environnement de classe quotidien.
Un flot d'images est né. Devant leurs visages rieurs, joyeux, tellement vivants, il nous a semblé évident que nous devions réaliser un livre afin d'en laisser une trace.

Nous attirons votre attention sur le souhait de présenter un ouvrage sans contenu didactique, mais avec une revendication artistique dans le contenu, le sens et le traitement.
La langue des signes est un langage subtil. L'expression du visage, des mains, l'énergie contenue en signant sont uniques pour chaque mot. Plus encore avec des enfants.

En espérant que vous aurez plaisir à partager leurs émotions avec nous.

Séverine Thévenet
Cendrine Genin

CŒUR

TIGRE
tigre

PIEUVRE
pieuvre

ARAIGNÉE
araignée

PIRATE
pirate

POISSON
poisson

JOUR
jour

NUIT
nuit

ARBRE
arbre

BONBON
bonbon

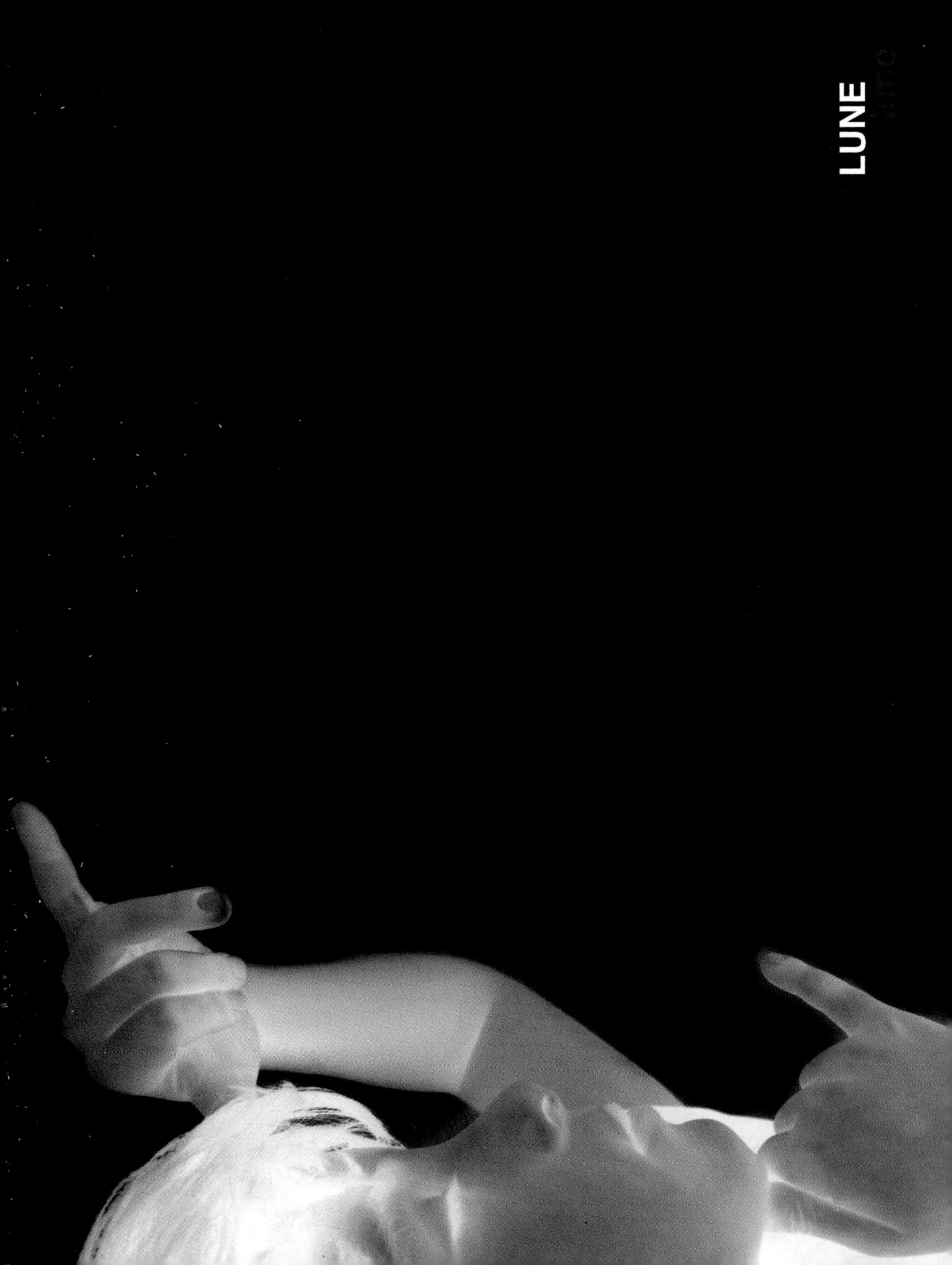
LUNE

BISOU
bisou

DANSER
danser

CYGNE
cygne

FLEUR

SIFFLET
sifflet

TRISTE
triste

CONTENT
content

SECRET
secret

POUSSIN
poussin

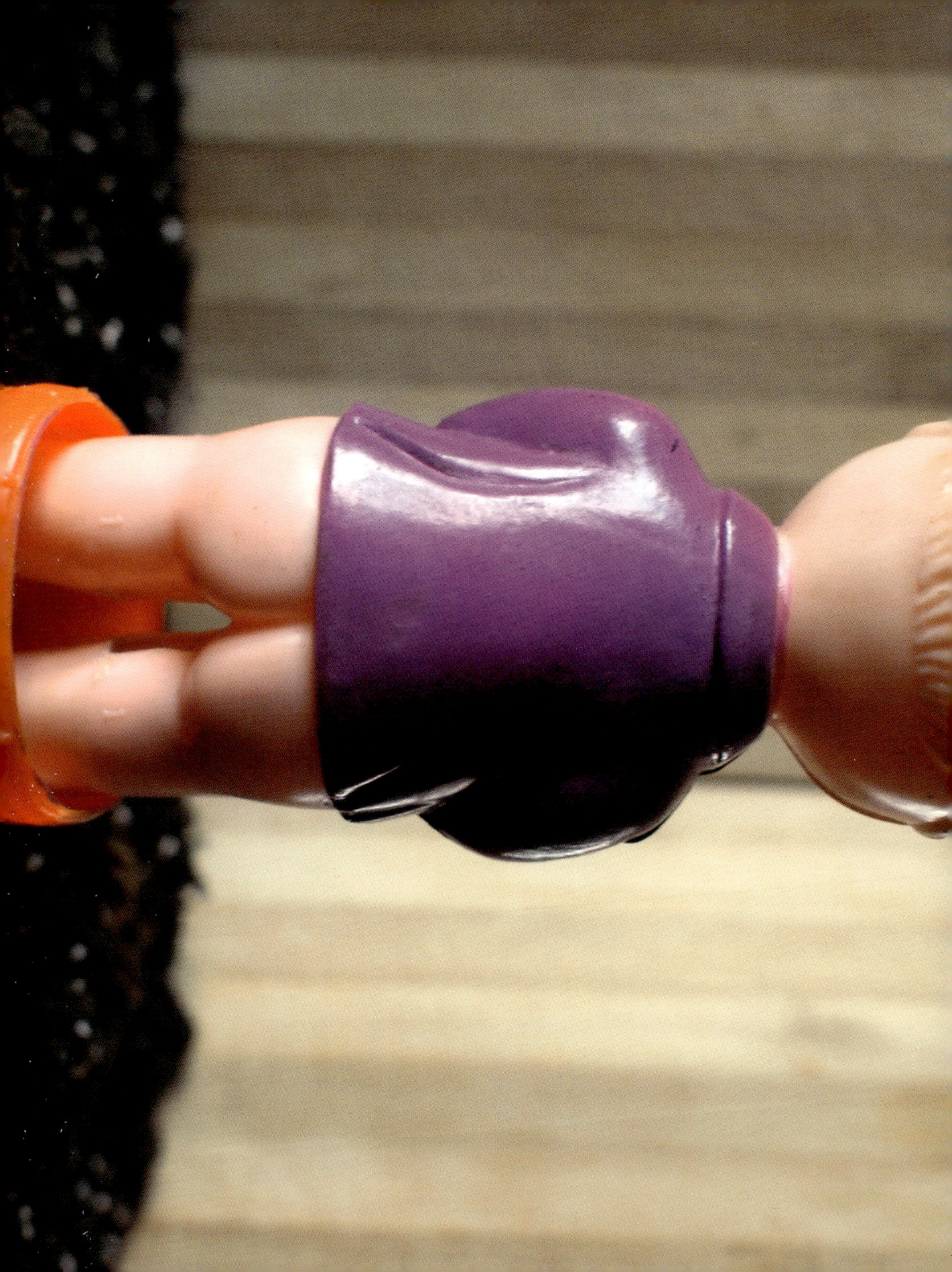

FESSES
fesses

ÉTOILE
étoile

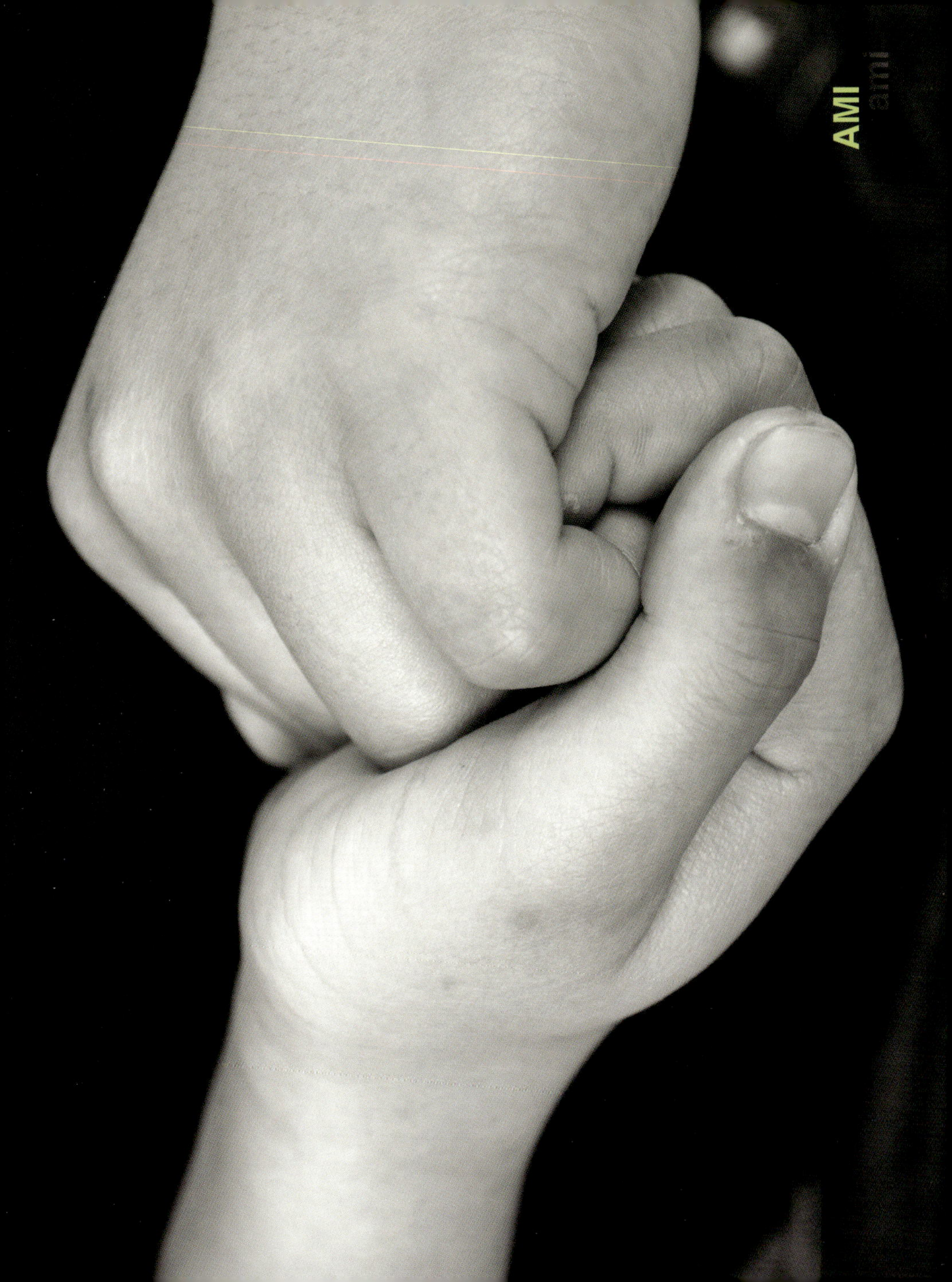

AMI
ami

MOUSTACHE
moustache

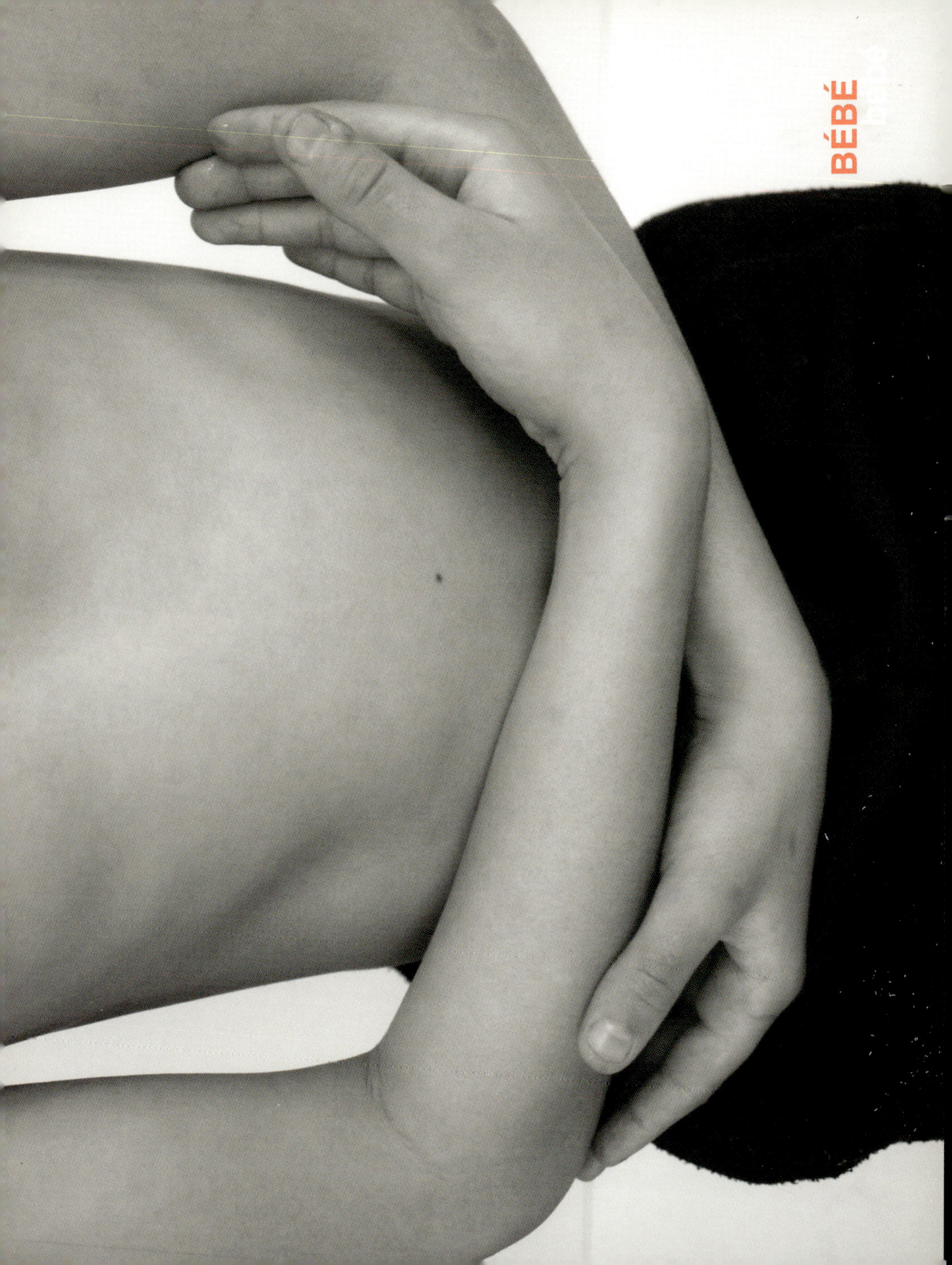

LAPIN
lapin

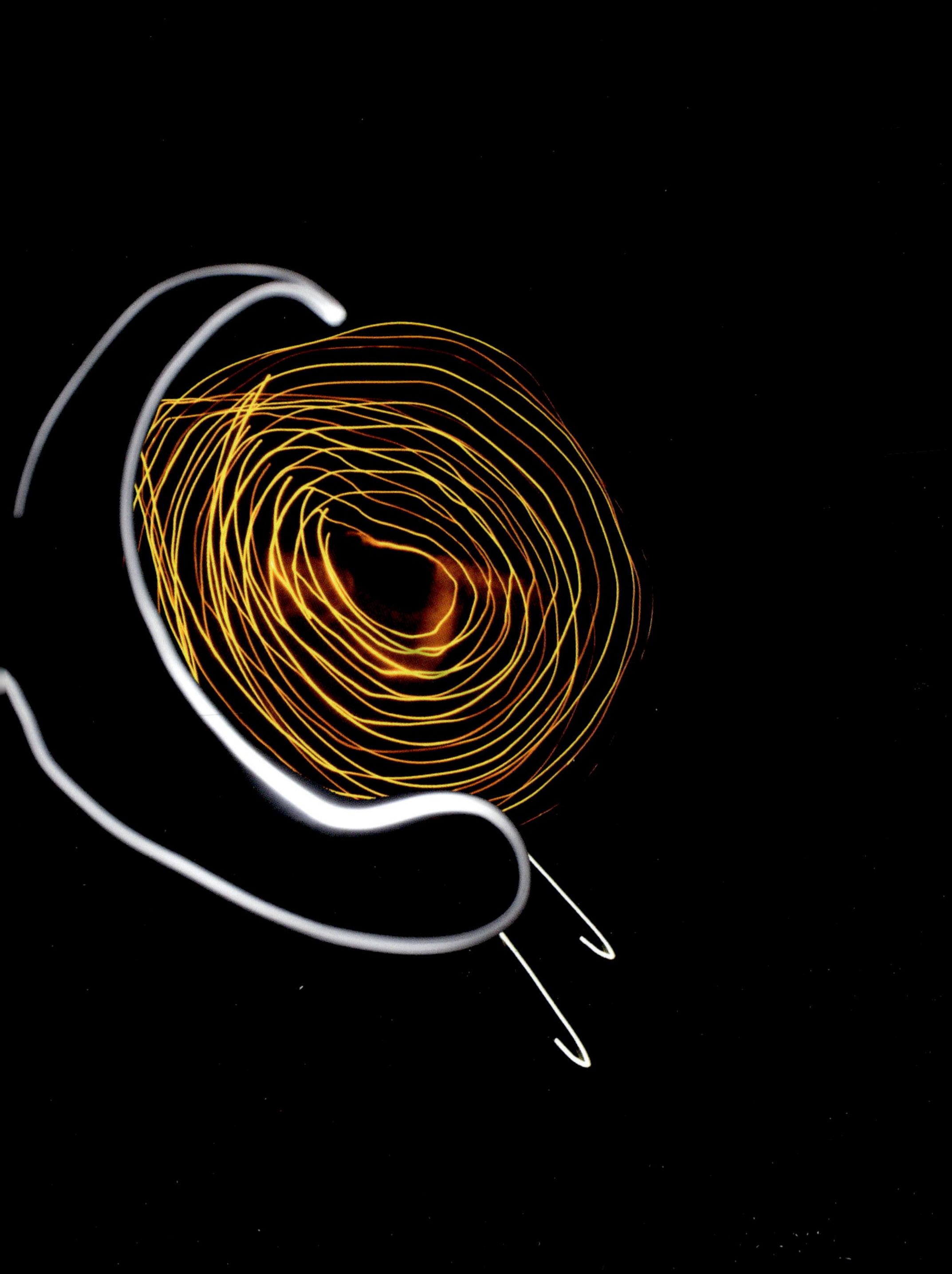

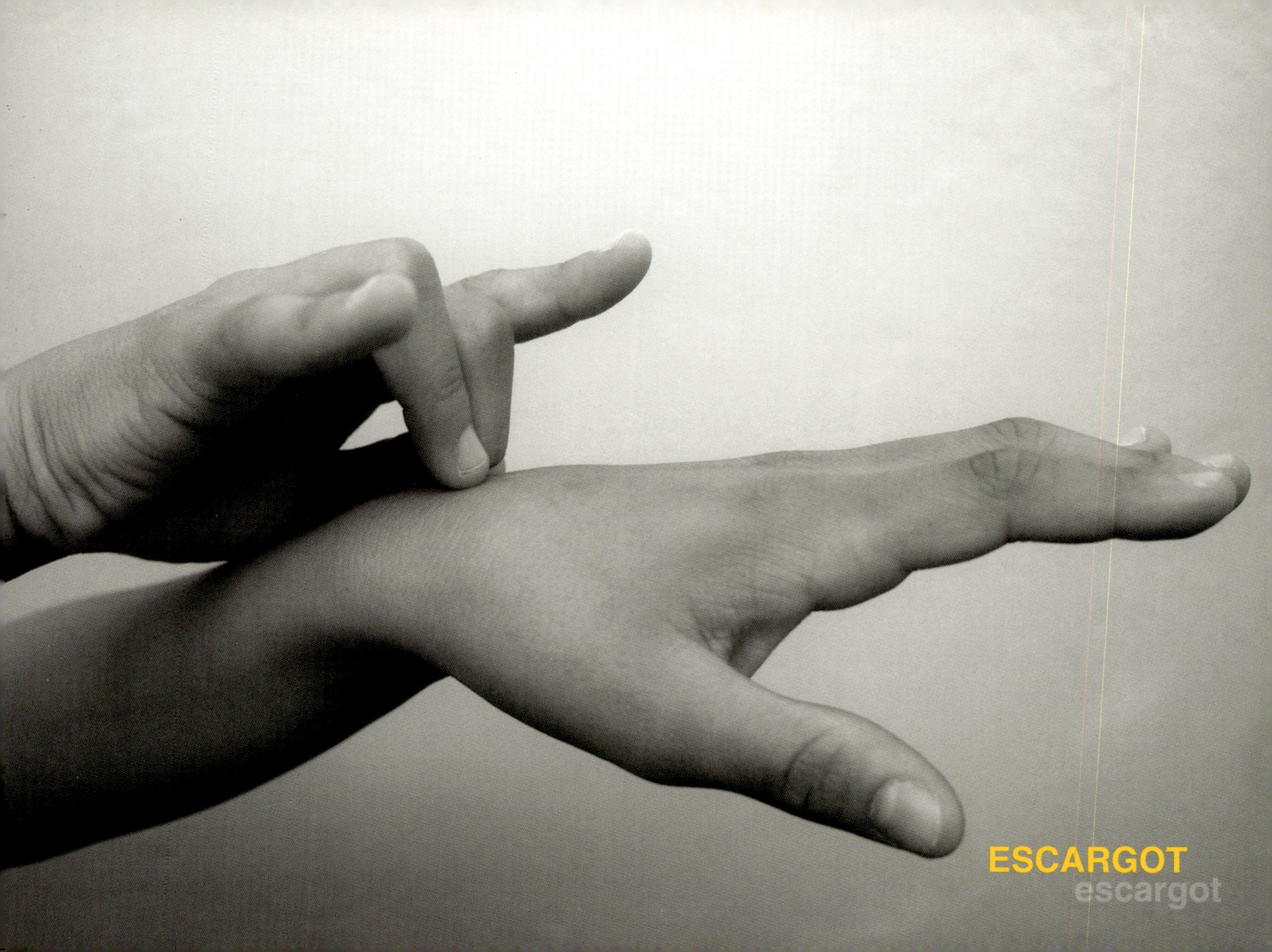

ESCARGOT
escargot

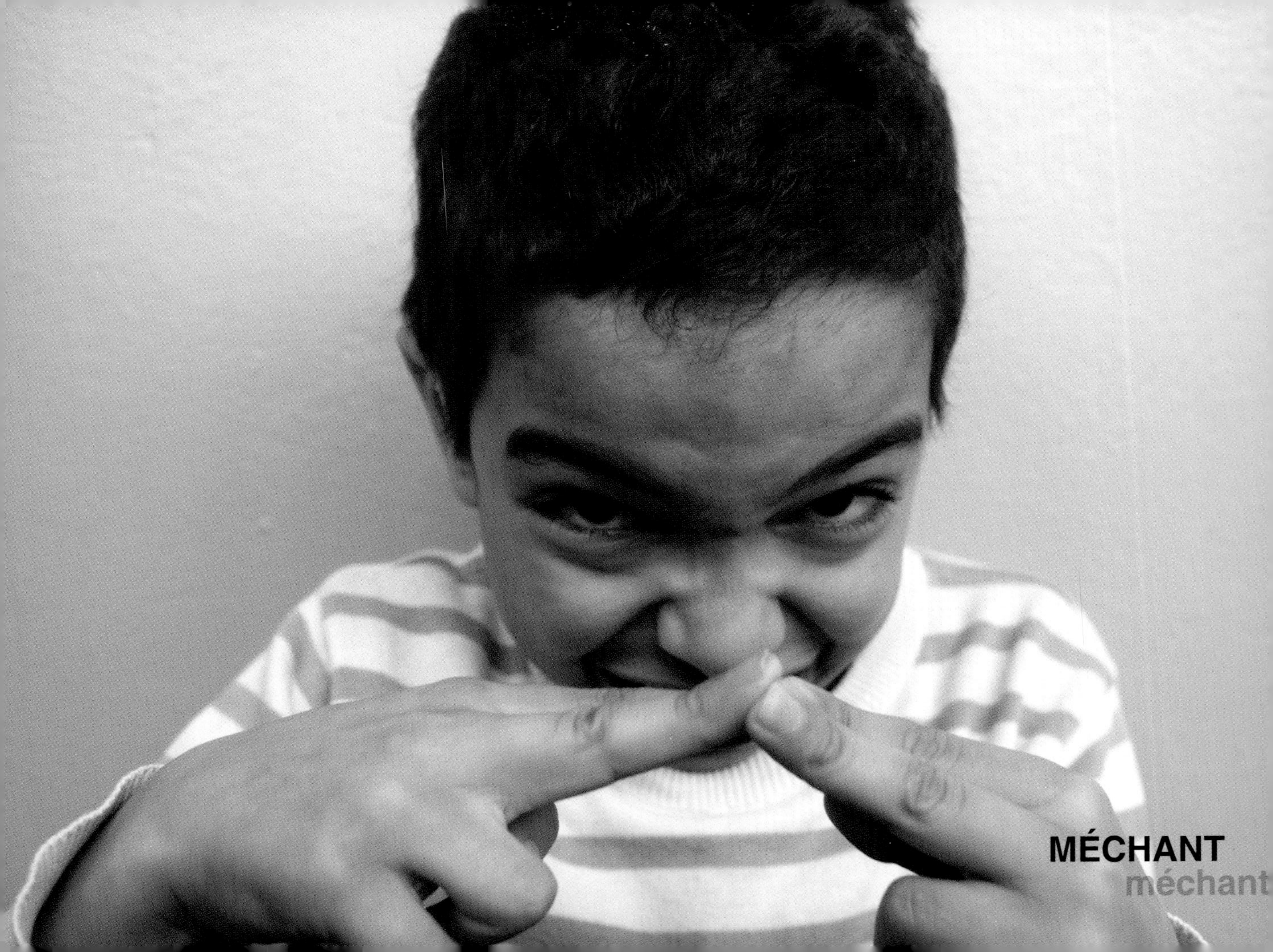
MÉCHANT
méchant

GENTIL
gentil

BOIRE
boire

MAISON
maison

douceur
bisou
coeur
le soleil fais la sieste sur une fleur éponge
moustache font des bêtise au chocolat fragile
l' étrange regard caresse les murmure de la mer timide
danse
vie

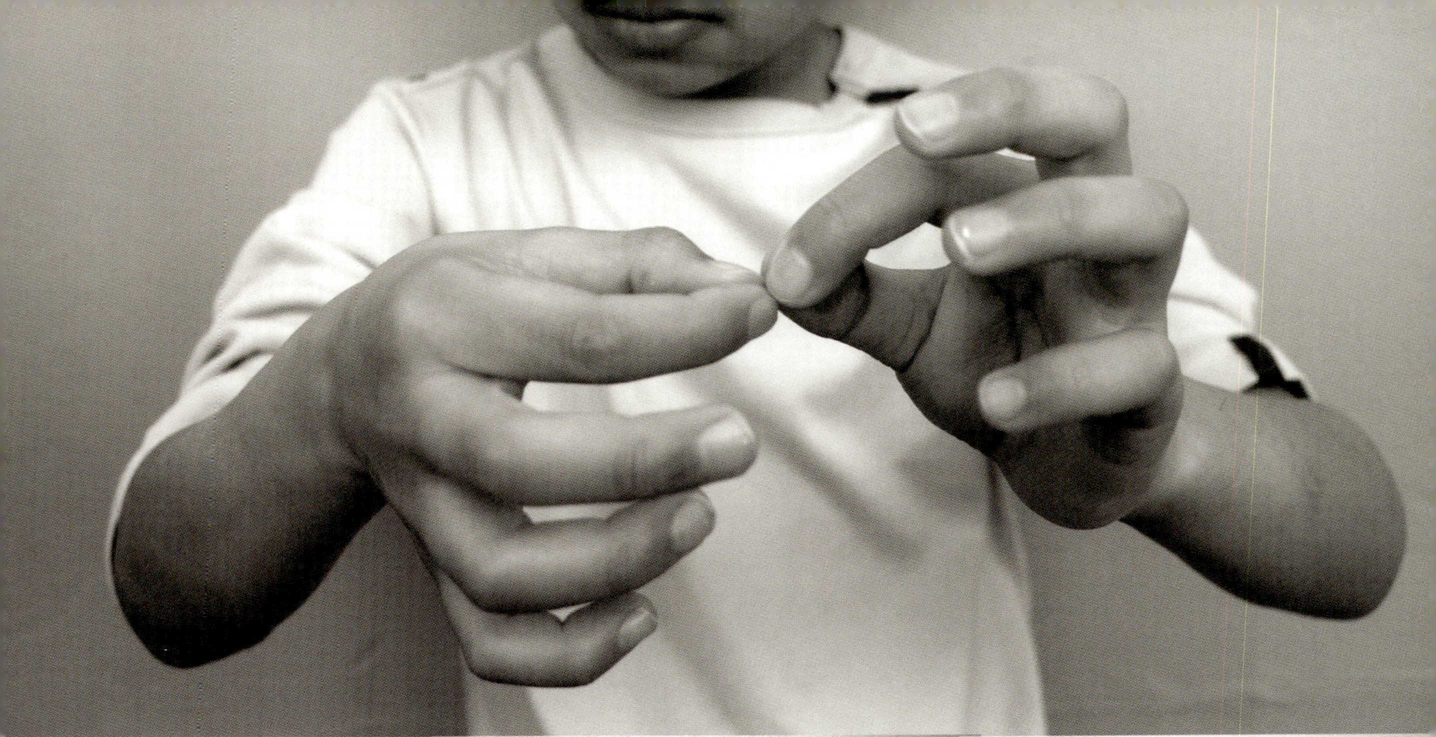

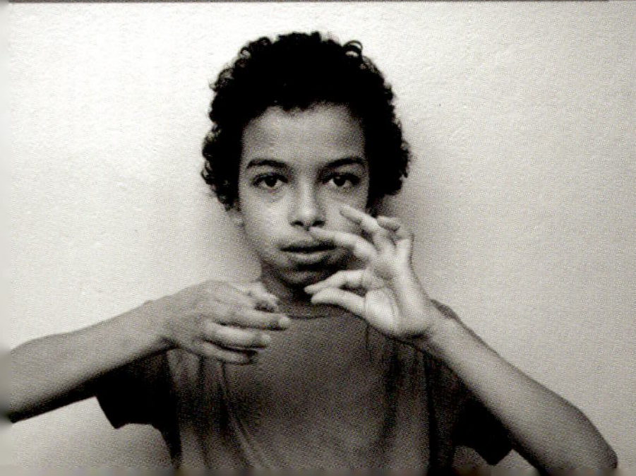

HISTOIRE
histoire

NUAGE
nuage

HÉRISSON

hérisson

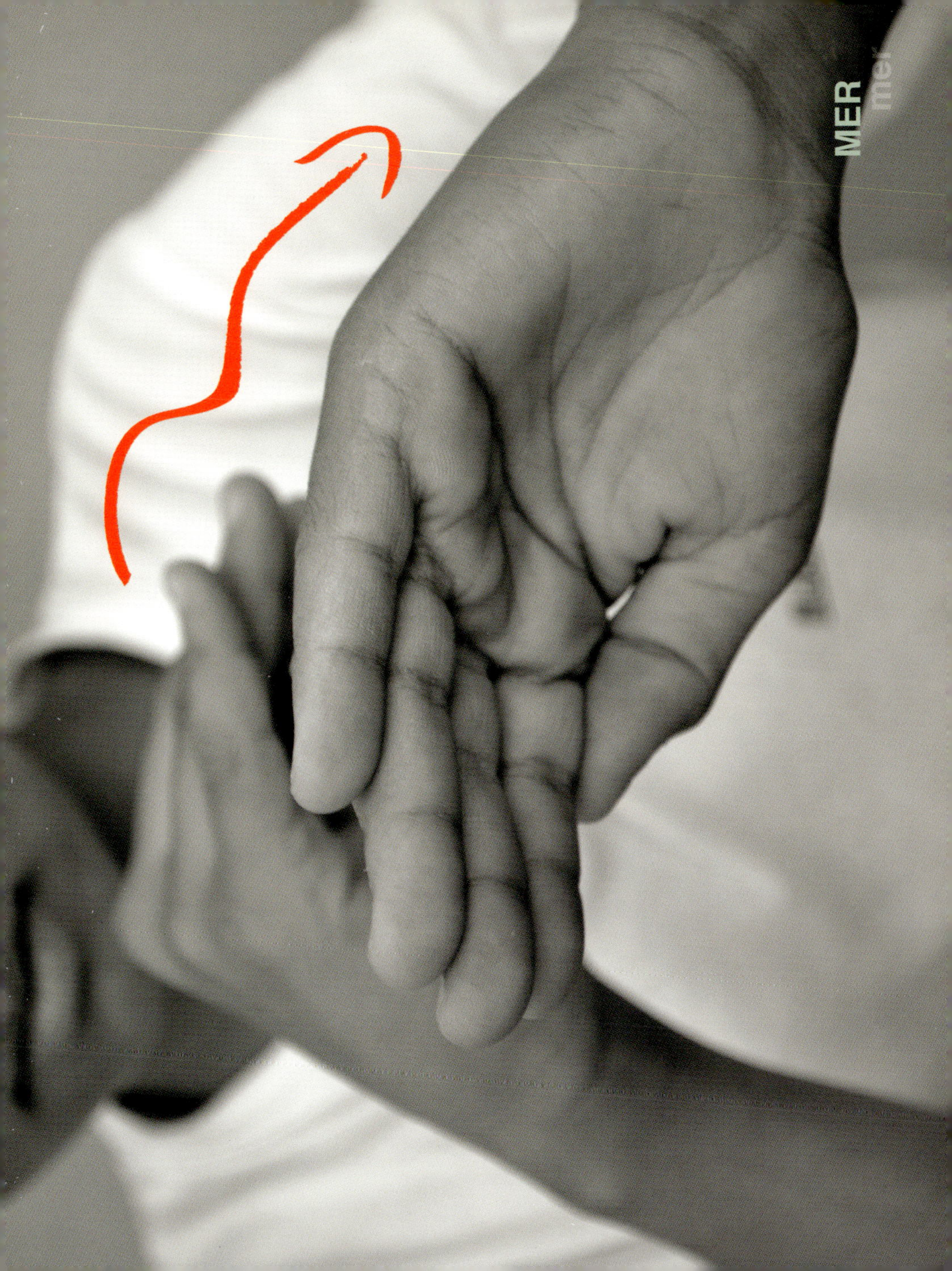

PETIT
petit

GRAND
grand

VÉLO

vélo

OISEAU
oiseau

SOLEIL
soleil

FORÊT
forêt

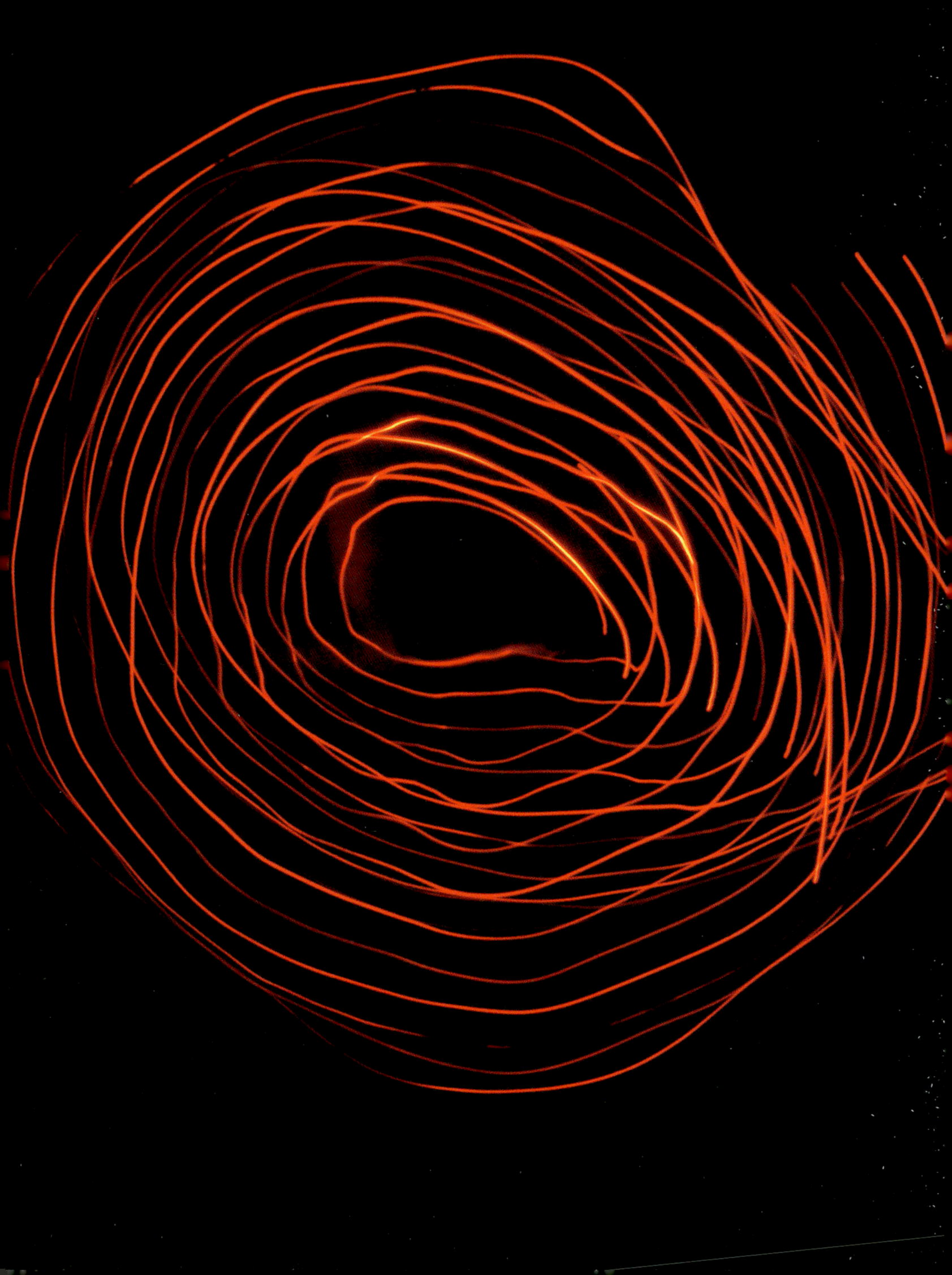

RÊVER
rêver

REMERCIEMENTS

Merci
À la classe des enfants du SEES Condorcet Lyon qui ont signé, posé et partagé cette aventure avec nous :
Bilal, Florina, Gabriel, Khalil, Lazhar, Leila, Lior, Mohamed, Quentin, Rabah, Salah, Ûnal.

À l'OVE et son directeur Philippe Mortel qui ont rendu possible ce projet avec l'association Envols d'Enfance.
À toute la géniale équipe qui l'accompagne :
Marilyne, Magali, Richard, Justine, Natacha, Frédéric.

Et bien sûr, merci aussi à Yumi, Yuka, Margaux Passi, Johann Allenbach, Sylvie François, Angélique, Igor Casas et Élodie Harmoniaux.

Cendrine et Séverine